AF399651

Aulis Antamaa

Maailma palaa

Kustantaja: BoD – Books on Demand, Helsinki, Suomi

Valmistaja: BoD – Books on Demand, Norderstedt, Saksa

ISBN: 9789528003397

maailma palaa

uskontokunnat sortavat toisiaan

vainotut pakenevat maastaan

hypistelen rukousnauhaa ja

luotan herran laupeuteen

ollaan kotona

piereskellään

syljeskellään kattoon

luetaan risto rasaa

jostain se ilmestyi

oleskelee yläpuolellani

väsää päivittäin uuden vuodesohvan

linkoaa pyykit yöllä

hirnuu hysteerisesti puhelimessa

minulla pyörii muuttopuuhat mielessä

murhasuunnitelmat unissa

pesismaila näpeissä

joskus ilmasto muuttui

syön riisipuuroa ja katson

kun mustarastas nokkii vihreää

nurmea jouluaattona

piip piip piip

vittu

piip piip piip

jaksa vaihtaa

piip piip piip

palohälyttimen paristoa

keijo kiirehtii kaupan kautta kotiin

kurkkua kera kanaviillokin

sitten sohvalle

vihreä vihannes painuu perseeseen

maailma palaa

joet kuivuvat

jäätiköt sulavat

käärin kaiken muoviin ja

vittuilen viherpiipertäjille

parannat maailman ja lopetat sodat

suojelet luontoa ja autat köyhiä

märkien unien vaalea valtiatar

mun oma miss suomi

oi kuinka söpö

tuuhea pörröinen häntä

pehmeä kiiltävä turkki

mitä se puuhaa hienon rouvan harteilla

nukkuuko tuo liikuttava luontokappale

kyllä

ikuista unta

oi että se pukee häntä

hillevi heijaa hiljakseen

kiikkustuoliin potkua polkee

akkuna avattuna

luonto lumoaan loihtii

hymynkareen häivähtäessä

dildon oikeaan osoitteeseen ohjaa

housut tippuvat nilkkoihin

katseensa lasittuu

hengästyttää

lapset rientävät kouluun

hoippuvaa on kulkunsa

mutta määrätietoista

askeltaa ratiovaunupysäkillä

avaa housunsa ja lorottaa roskikseen

tarkka sihti on valttia

herrasmies ei sotke ei hötkyile

maailma palaa

luonto valjastetaan tuotannolle

karjaröykkiöt työnnetään teuraalle

mässäilen possua ja

röyhtäisen miehekkäästi

ihmiselle ei anneta enempää kuin hän jaksaa

kantaa

vakuutusyhtiömme toimii asiakkaan parhaaksi

hän on kokoomuksesta ja suuri humanisti

jumala loi ihmisen täyttämään maan

sisäinen kauneus on tärkeintä

paha saa aina palkkansa

raha ei tuo onnea

ja paskat

paina pääni pönttöön

pihtiväännä peukalo

poraa perseeseen

purista palleista

puhkaise perna

potki polviin

finlandersia

en soita

boxerit jotka ei hierrä pakaroiden välissä

muuta liikennettä arvostava taksikuski

pyöräilevä jalankulkijan ystävä

eläinrakas turkistarhaaja

seesteinen lapsiperhe

rikas ja tyytyväinen

kultainen vanhuus

älä unta nää

komea kommari

sinnikäs sihteeri

laupea lahtari

mitätön ministeri

suloinen suutari

kiimainen kirjuri

lässyttävä lääkäri

paskantärkeä pastori

hunajainen hurmuri

ruma runkkari

tunnoton turkkuri

melankolinen metsuri

persevä pehtoori

hilpeä hinttari

uskoton urkuri

nerokas neekeri

ihmisiä ihmisten joukossa

maailma palaa

korallit kuolevat

viha kasvattaa vihaa

tuijotan tositeeveetä ja

voihkin valtavan vatsani kanssa

selkä kramppaa

kirsti kiljuu kiljumistaan

ponnetonta ponnistelua

byääh

tulihan se sieltä

otsasuonet pullistelevat

pirkko pinnistää pinnistämistään

hikistä huokailua

plöts

tulihan se sieltä

kuvat vilisevät silmissä

valtteri vatkaa vatkaamistaan

nihkeetä näpertämistä

hups

tulihan se sieltä

yritys oli konkurssin partaalla

tapani tarttui tilaisuuteen

väkeä vähennettiin

päiviä pidennettiin

tuotanto kääntyi kasvuun

aika poika

yhtiö oli konkurssin partaalla

tarja tarttui tilaisuuteen

johtoporrasta karsittiin

hierarkiaa häivytettiin

tuotanto kääntyi kasvuun

varsinainen riivinrauta

tyttäreni tahtoo pinkin prinsessamekon

mistä minua rangaistaan

jokin sukupuolineutraalissa kasvatuksessani

kusee

poikani ryhtyi sotilaaksi

mistä minua rangaistaan

en koskaan tuputtanut sinisiä vaatteita

maailma palaa

mehiläiset kuolevat

hätä tiivistyy ympärillämme

nainen nauraa kerjäläiselle ja

ihailee rakennekynsiään

tämä on kustu

kutsu myös ystäväsi

tänne vei minunkin tieni

täällä kohtaa moni teini

laita meili jos tekee mieli mukaan

kuka pelkää mustaa miestä

kuka valkoista miestä

kuka rakastaa pimeää meistä

kuka kirkasta päivää

miten erottaa rakkaimman teistä

miten polut teistä

miten löytää suunnan tiestä

miten sinne

kuinka olla yksi heistä

kuinka erottua heistä

kuinka kostuu otsa hiestä

kuinka kourat

mitä mie piittaan nuista

mitä jos en muista

mitä jos se pittää miusta

mitä jos ei muista

pyyhin pöydän

pyyhin peilin

pyyhin posket polvet pohkeet

pyyhin perseen

pyyhin pakoon

pyyhin päivät eiliset

vaan en sinua mielestäni

vapaa taksi

  pois tieltä jos

    henkesi on kallis

    varattu taksi

  äätäh ie

eeletsadih es

assoviot nitseneit nammerap

maailma palaa

vesivarat ehtyvät

lapset raatavat tehtaissa

hankin halpaa ja

sijoitan rahastoihin

pu pälä pälä

hu pälä pälä pälä

mi pälä pälä pälä pälä

nen pälä pälä pälä pälä pälä

on pälä pälä pälä pälä pälä pälä

yli pälä pälä pälä pälä pälä pälä pälä

ar pälä pälä pälä pälä pälä pälä pälä pälä

vos pälä pälä pälä pälä pälä pälä pälä

tet pälä pälä pälä pälä pälä pälä

tua pälä pälä pälä pälä pälä

ennen kälä kälä kälä kälä

kälä kälä kaikki kälä kälä kälä

kälä kälä kälä oli kälä kälä kälä

kälä kälä kälä kälä paremmin kälä

sipi sipi sipilä sipi sipi sipi sipi sipi sipi

sipi sipi sipi sipi rantasipi sipi sipi

sipi vesipiippu sipi sipi sipi

sipi täysipituinen sipi

sipi kusipillu sipi

sipi sipi

sipi

kuu hölö lit hölö ko hölö mi hölö tä hölö el hölö

me hölö ri hölö ker hölö toi hölö el hölö vii hölö

ras hölö ta hölö jal hölö ma hölö ril hölö le hölö

maailma palaa

levälautat laajenevat

eläimet kärsivät häkeissään

daami silittää turkkiaan ja

hymyilee ylimielisesti

linnut laulaa

kukkaset kukkii

taivas on sininen

aurinko paistaa

luonto vihertää

oi että on kaunista

olet linnunlaulu

kukka kallehin

taivaan sini

aurinkoiseni

luonto kaunehin

oi että tätä rakkautta

maailma palaa

päästöt karkaavat käsistä

puhdas ilma myy

kaipaamme kaukomaille ja

rakastamme lentämistä

katselen kattomaalauksia

sulattelen saarnaa

lasken jeesuksia

pidättelen pierua

ikävystyn pystyyn

ihmiset katoavat

ja muistot

enää tiedä miksi

nousta

en kuule sanojasi

etkö huomaa kun minua raahataan ulos

näetkö minut vielä vaikka olen jo poissa

olenko hereillä

yömajasta bleecker streetille

aamuauringossa

pantu perse jomottaa

ihana hiljainen kaupunki

mutta päässä kolisee

kauniisti kajastaa kuu

mietin mitä vittuu

täällä kittuutan ja marisen

maailma palaa

sademetsät tuhoutuvat

monet menettävät kotinsa

formulakuski kiihdyttää ja

antaa palaa

älä väistä

    minä minä minä

kiihdytä askelta

    minä minä minä

tuijota varpaisiin

    minä minä minä

tönäisit minua

    minä minä minä

sinä voitit

on taattava talouskasvu

keskuspuisto pois

tornitalot tilalle

luonto on yliarvostettua

elokuun ehtoista tunnelmaa

rapujuhlat pitsihuvilalla

herrasväki hehkuu

elämä on juhlaa

ei

kyllä JONKUN pitäisi tehdä jotain

itämeren levätilanteelle

viina ja pkv-lääke

surkea parivaljakko

kusi lainehtii lattialla